उम्मीद का दिया

SAAJHA KAVYA SANGRAH

प्रदीप पांथ

ISBN 979-888546268-6

अखिलानंद राय

मैं, प्रदीप 'पांथ' अपने साझा काव्य संग्रह 'उम्मीद का दिया' को अपने साहित्यिक सफर के मार्गदर्शक श्री अखिलानन्द राय को सादर समर्पित करता हूँ जिन्होंने मुसाफिरखाना में खंड शिक्षा अधिकारी के रूप में कार्य करते हुए न

केवल हमारी प्रत्येक रचना को गम्भीरता से पढ़ा बल्कि बेबाकी से उसकी समीक्षा करते हुए लेखन में अपेक्षित सुधार के लिए प्रोत्साहन भी प्रदान किया। आपने फुरसत के पलों में मुझे अपने पास बैठाकर हिन्दी साहित्य की काव्य रचना में अन्य भाषाओं के शब्दों से परहेज करने की सबसे पहली सीख भी दी। जिसके लिए हम सदैव आपके ऋणी रहेंगे।

प्रदीप 'पांथ'
(प्रदीप कुमार तिवारी)

क्रम-सूची

क्रम-सूची

प्रस्तावना

मेरा ताल्लुक उत्तर प्रदेश प्रांत के अमेठी जनपद की मुसाफिरखाना तहसील से है। इसी तहसील के मुसाफिरखाना विकासखण्ड का पूरे मोहन राम तिवारी (रुदौली) गांव मेरी जन्मस्थली है। मेरे पिता श्री गोकुल प्रसाद तिवारी सेवानिवृत्त शिक्षक हैं। मां श्रीमती निर्मला देवी गृहणी हैं। चार भाई बहनों में मैं सबसे छोटा हूँ। मेरी बारहवीं तक की शिक्षा गणित वर्ग से स्थानीय एएच इंटर कालेज में हुई। स्नातक की पढ़ाई गणित, भौतिकी व रसायन शास्त्र से तथा परास्नातक की पढ़ाई भौतिक शास्त्र से सुलतानपुर जनपद के प्रतिष्ठित कमला नेहरू भौतिक एवं सामाजिक विज्ञान संस्थान में हुई। 1998 में परास्नातक की उपाधि हासिल करने के बाद मैंने बीएड की उपाधि प्राप्त की। जिसके बाद 2005 से बेसिक शिक्षा विभाग में बतौर सहायक अध्यापक योगदान दे रहा हूँ। विज्ञान का विद्यार्थी होने के नाते मुझे समाज को नजदीक से समझने का मौका अध्ययन के दौरान तो नहीं मिला फिर भी परास्नातक की पढ़ाई पूरी होने के बाद मेरी साहित्य सर्जना का सफर 'पांथ' उपनाम से शुरू हुआ। ग्रामीण क्षेत्र में शिक्षक के रूप में तैनाती होने पर समाज को नजदीक से न केवल देखने और समझने का अवसर मिला बल्कि भावानुभूति का सहज अवसर भी सुलभ हुआ। यही वह दौर था जब मेरे अंदर का कवि हृदय स्पंदित हुआ और लेखनी से भावाभिव्यक्ति शुरू हुई। यह भावाभिव्यक्ति अंतरात्मा की वह आवाज थी जिसे दबाया नहीं जा सकता था।

यूँ तो साहित्य लेखन का बीज मेरे भीतर काफी पहले ही प्रस्फुटित हो चुका था लेकिन अनुकूलता के अभाव में यह मेरे अंदर ही दबकर रह गया था। सही मायनों में मेरा साहित्यिक

सफर परास्नातक की पढ़ाई पूरी करने के बाद ही शुरू हो सका था। निजी जीवन के संघर्षों और समाज से प्राप्त अनुभूतियों के सहारे विभिन्न विषयों पर लगभग एक शतक से अधिक कविताओं की रचनाएं मेरे द्वारा की जा चुकी है। मेरा पहला काव्य संग्रह 'आईना' प्रकाशित हुआ। जिसके बाद दूसरा काव्य संग्रह 'दास्तान-ए-जिंदगी' और तीसरा काव्य संग्रह 'चलते रहना...' भी प्रकाशित हो चुका है। इन सभी काव्यसंग्रहों में मेरी 20-20 कविताओं को शामिल किया गया है। प्रकाशन के लिए जो संघर्ष मुझे करना पड़ा उसी को देखते हुए मेरे मन में हमेशा यह विचार आता रहा कि नवोदित कलमकारों को पाठकों के बीच लाकर उनका उत्साहवर्धन किया जाना चाहिए। इसी बीच मेरी मुलाकात हरिशंकर यादव जी से हुई जो बड़े ही सहज और सरल शब्दों के साथ 'सरल' उपनाम से अपनी कविताओं और गीतों के माध्यम से कागज पर अपनी भावाभ्यक्ति कर रहे थे। इसी विचार से प्रेरित होकर 'उम्मीद का दिया' नाम से यह साझा काव्य संग्रह प्रकाशित करने का निर्णय लिया गया। इसमें मेरी और हरिशंकर 'सरल' जी की रचनाओं को सम्मिलित किया गया है। आशा है कि यह काव्य संग्रह पाठकों को विचारों में नवीनता और गतिशीलता बनाये रखने की सीख देने के साथ ही तमाम विषमताओं से निपटने हेतु उनमें नई स्फूर्ति का संचार करने के मकसद में सफल होगा।

----- प्रदीप 'पांथ'

(प्रदीप कुमार तिवारी)

25 दिसम्बर 2021

भूमिका

डॉ अरुण कुमार आर्य

"उम्मीद का दिया" काव्य संग्रह की पांडुलिपि पढ़ते हुए श्री प्रदीप कुमार तिवारी "पांथ" जी के बरसों - बरस के साथ की स्मृतियां मन मस्तिष्क में तरोताजा हो गईं। इंटरमीडिएट तक साथ पढ़े, खेले और फिर कुछ वर्ष अलग होने के पश्चात एक बार फिर अपनी - अपनी कर्मभूमि मुसाफिरखाना में स्थापित होने पर पुनः साथ हो गए। भाव, विचार और अंतर्दृष्टि की समानता ने

अनेक बार अविस्मरणीय क्षण प्रदान किया। साहित्य के प्रति दोनों के मन की अनुराग भावना ने सदैव एक दूसरे को प्रेरित करने का कार्य किया। पांथ जी निश्चित रूप से सौभाग्यशाली रहे कि काव्य ग्रंथ के प्रकाशन में उन्होंने मुझसे बाजी मार ली, उनके तीन काव्य संग्रह "आईना", "दास्तान ए जिंदगी" और "चलते रहना" अब तक प्रकाशित हो चुके हैं और चौथा काव्य ग्रंथ "उम्मीद का दिया" प्रकाशित होने जा रहा है।

प्रस्तुत काव्य संग्रह साझा काव्य संग्रह के रूप में है। जिसमें पांथ जी के साथ उनके मित्र और बेसिक शिक्षा विभाग में सहायक अध्यापक श्री हरिशंकर सरल जी की रचनाएं संकलित हैं। यद्यपि कि सरल जी की अनेक रचनाएं विभिन्न पत्र-पत्रिकाओं में प्रकाशित हो चुकी हैं किंतु इस संग्रह के माध्यम से प्रथम बार उन्हें प्रकाशित होने का सुअवसर प्राप्त हुआ है। दो कवियों श्री पांथ जी की आठ और श्री सरल जी की बारह, कुल बीस रचनाओं को एक ही काव्य संग्रह में एक साथ पढ़ना अत्यंत मनोरंजनकारी है।

"उम्मीद का दिया" काव्य संग्रह का शीर्षक संकलित रचनाओं का आईना बनकर दास्तान ए जिंदगी बन गया है मानव जीवन की जटिलताओं, विसंगतियों और दिन प्रतिदिन घर गृहस्थी में जुटे आम आदमी की पीड़ाओं को देखकर- सुनकर आहत कवि की भावना काव्य का रूप लेकर प्रस्फुटित हुई हैं। मानव जीवन की यथार्थता को प्रदर्शित करती पांथ जी की पंक्तियां-

"जिसने जीवन नौका की, पतवार चलाना सीख लिया।
बीच भंवर में फंसी नाव को, पार लगाना सीख लिया।।
नदियों के गहरे पानी का, थाह लगाना सीख लिया।
तूफानों के आहट का, अंदाज लगाना सीख लिया।।
कर्मवीर वह हालातों के, आगे न झुक सकता है।

आसमान में बनके दिनकर, एक दिन वही चमकता है।।"

निसंदेह पाठकों में उम्मीद का दिया जलाने में समर्थ हैं और कवि इतने पर ही संतुष्ट भी नहीं होता है, वह मानव के वर्तमान समय की विसंगतियों, अंतर्द्वंदों, निराशाओं और अंतर्विरोधों पर मनुष्यों को जीत का मंत्र देते हुए कहता है कि-

"यकीन कर, तू ठोकरें खाकर भी कल संभल जाएगा।

उम्मीद का दिया बुझते चिरागों को रोशन कर जाएगा।।"

समसामयिक साहित्यकार जहाँ गद्य गीत या अतुकांत रचनाओं में अधिक काव्य सृजन कर रहे हैं वहीं प्रस्तुत काव्य संग्रह में छंद बद्ध रचनाएं काव्य प्रेमियों को निसंदेह रुचिकर लगेंगी। पूर्ण विश्वास है की "उम्मीद का दिया" काव्य संग्रह अपने पाठकों को जीवन की विषमताओं से उबरने हेतु निश्चित रूप से सहायक सिद्ध होगा।

डॉ. अरुण कुमार आर्य

प्रवक्ता- हिन्दी विभाग

गनपत सहाय स्नातकोत्तर महाविद्यालय, सुलतानपुर

सम्पर्क सूत्र-9125811266

पावती (स्वीकृति)

जिन शुभचिंतकों द्वारा मेरे पूर्व में प्रकाशित काव्य संग्रह 'आईना' , 'दास्तान -ए- ज़िंदगी' और 'चलते रहना' को न केवल सराहा गया बल्कि साझा काव्य संग्रह 'उम्मीद का दिया' के प्रकाशन के लिए हमें प्रोत्साहित भी किया गया। जिनके असीम प्यार से ही यह साझा काव्य संग्रह प्रकाशित होकर पाठकों के बीच पहुँचना संभव हो सका। हम अपने उन सभी शुभचिंतक साथियों का हृदय की अनन्त गहराइयों से आभार व्यक्त करते हैं ।

----- प्रदीप 'पांथ'

(प्रदीप कुमार तिवारी)

आमुख

प्रस्तुत साझा काव्य संग्रह में दो खंड हैं। पांथ खंड में मेरी आठ रचनाओं को शामिल किया गया है । इन रचनाओं में नीड़ और नीड़ज के माध्यम से जहाँ लोगों को विषम परिस्थिति में भी संघर्षरत रहने का संदेश दिया गया है वहीं दूसरी रचना में लोगों का भाग्यवादी बनने के बजाय कर्मयोगी बनने का आह्वान भी किया गया है। मित्र को परिभाषित करती हुई कविता भी है तो ममता की मूर्ति माँ की महिमा का बखान भी किया गया है। यही नहीं, नारी को समाज द्वारा दी जाने वाली उपमाओं को बतलाती हुई पंक्तियां भी इस खंड का हिस्सा बनी हैं। अतीत से घबराने के बजाय आने वाले कल के बेहतर होने के लिए उम्मीद का दिया जलाए रखने का संदेश देती कविता भी है तो लक्ष्य साधने के लिए निज भुज बल पौरूष के सहारे उड़ान भरने का संदेश भी दिया गया है। जीवन के पथ पर चलते चलते थक चुके राही में नई ऊर्जा का संचार करने का प्रयास भी अप्रत्यक्ष रूप से किया गया है।

संग्रह के दूसरे सरल खंड में हरिशंकर सरल की बारह रचनाओं को शामिल किया गया है। इन रचनाओं के माध्यम से विरह वेदना की अभिव्यक्ति भी है तो शान्ति की खोज बाहर करने के बजाय अपने अंदर ही करने का संदेश भी रचना के माध्यम से दिया गया है। यही नहीं गीतकारों में बढ़ती स्तुतिगान की परंपरा पर कुठाराघात के साथ कलम गिरवी रखकर अपना कर्तव्य भूल चुके कलमकारों को जगाने की कोशिश भी है। समाज से लुप्त होते जा रहे नैतिक मूल्यों और बढ़ती स्वार्थपरता पर जहाँ चिंता व्यक्त की गई है तो वहीं मोहमाया में जकड़े इंसान को जगाने का

प्रयास करता गीत भी शामिल है। इंसान को सन्मार्ग पर चलने का संदेश देती कविता के साथ ही ईश्वर की तलाश में बाहर न भटकने का संदेश देती कविता भी इस खंड का हिस्सा है। उम्र के अन्तिम पड़ाव तक दुनियादारी की फिक्र, अटल सत्य मृत्यु, कल के सुख की चाह में भागते मनुष्य की गति और चकाचौंध भरी दुनिया में मन की गति को भी चित्रित करने वाली कविताएं व गीत इस खंड में शामिल किये गए हैं।

---प्रदीप 'पांथ'
(प्रदीप कुमार तिवारी)

पांथ खंड

प्रदीप पांथ

संक्षिप्त परिचय

मेरा *ताल्लुक* उत्तरप्रदेश प्रान्त के अमेठी जनपद के
मुसाफिरखाना विकासखंड अन्तर्गत पूरे मोहन राम तिवारी ग्राम

से है। लगभग दो दशक से कविता लेखन में सक्रिय हूं। अब तक मेरे तीन काव्य संग्रह 'आईना ', 'दास्तान-ए- जिंदगी' और 'चलते रहना' प्रकाशित हो चुके हैं। इसके अतिरिक्त 'प्रकृति और प्रेम' तथा 'द राइज आफ द लास्ट वन्स' साझा संग्रह में भी मेरी कविताएं प्रकाशित हो चुकी हैं। 'उम्मीद का दिया' मेरे द्वारा संकलित किया गया पहला साझा संग्रह और प्रकाशन के नजरिए यह मेरा चौथा काव्य संग्रह है। इस संग्रह के इस खंड में मेरी स्वयं की आठ रचनाओं को शामिल किया गया है। मैं वर्तमान में अमेठी जनपद में बेसिक शिक्षा विभाग में शिक्षक के पद पर कार्यरत हूं। पत्रकारिता जगत में भी सक्रिय हूं। विज्ञान विषय से नाता होते हुए भी बीते दो दशक से साहित्य के क्षेत्र में कविता लेखन का कार्य कर रहा हूं। हाल ही में 'जगदीश पीयूष स्मृति अमेठी रत्न सम्मान' भी प्राप्त हुआ है।

धन्यवाद

1. नीड़

(प्रस्तुत कविता में नीड़, नीड़ज और उसके जीवन
की जीवटता के माध्यम से कर्मयोगी बनने और
विषम परिस्थिति में भी संघर्षरत रहने का संदेश
दिया गया है।)

---1---
खोज खोज कर तिनका तिनका
बार बार जब आता है,
नीड़ परिंदों के रहने का
तब जाकर बन पाता है।
विषम परिस्थिति होने पर भी
नीड़ज न घबराता है;
नीड़ परिंदों के रहने का
तब जाकर बन पाता है।।
---2---
फिरता डाली डाली लेकर
सपना नवल विहान का,
बुनता हर पल ताना बाना
अपने नए वितान का।
तिनका तिनका जोड़ जोड़ कर
जब वो खूब सजाता है;

नीड़ परिंदों के रहने का
तब जाकर बन पाता है।।
---3---
परवाजी के मस्तानों का
कैसा अजब जुनून है,
नवजीवन का किसलय फूटे
बिना न उन्हें सुकून है।
निज पंखों से भर उड़ान जब
गोता खूब लगाता है;
नीड़ परिंदों के रहने का
तब जाकर बन पाता है।।
---4---
जुल्म आंधियों का तो देखो
शाखों को झकझोर दिया,
बड़े जतन से जिसे संवारा
आकर उसे बिखेर दिया।
क्या जीवटता है जीवन की
विहग पुनः जुट जाता है;
नीड़ परिंदों के रहने का
बार बार बन जाता है।।
---5---
देते सीख पखेरू हमको
निज भुज पर विश्वास करो,
लक्ष्य कठिन हो फिर भी अपना
अविरत शुरू प्रयास करो।
जीवन की दुश्वारी से जो
कभी नहीं घबराता है;

प्रदीप पांथ

नीड़ उसी के ही सपनों का
जीवन में सज पाता है।।
---- प्रदीप 'पांथ'

2. कर्मवीर

(प्रस्तुत कविता में कर्मवीर की विशेषताओं को प्रतिबिम्बित करते हुए भाग्यवादी बनने के बजाय कर्मयोगी बनने का आह्वान किया गया है।)

---1---
जिसने जीवन - नौका की,
पतवार चलाना सीख लिया।
बीच भंवर में फंसी नाव को,
पार लगाना सीख लिया।।
नदिया के गहरे पानी का,
थाह लगाना सीख लिया।
तूफानों के आहट का,
अंदाज लगाना सीख लिया।।
कर्मवीर वो हालातों के, आगे न झुक सकता है।।
आसमान में बनके दिनकर, एक दिन वही चमकता है।।
---2---
झूठ, कपट और छल के रस्ते,
जिसने चलना छोड़ दिया।
भाग्य भरोसे बैठे बैठे,
जीवन जीना छोड़ दिया।।
भरी नींद आंखों में जिसने,

स्वप्न सजाना छोड़ दिया।
रेतीले टीलों पर अपना,
महल बनाना छोड़ दिया।।
कर्मवीर वो खुली आंख से, कल का सपना बुनता है।
आसमान में बनके दिनकर, एक दिन वही चमकता है।।

---3---

भाग्यवाद के पोषक बैठे,
भाग्य भरोसे रहते हैं।
कर समझौता हालातों से,
जीते हैं और मरते हैं।।
कर्मवीर तो कर्मयोग की,
धूनी में ही रमते हैं,
अपने भुजबल के सम्बल,
भवसागर पार उतरते हैं।।
अपने पौरुष से जग में जो, सब सम्भव कर सकता है।
आसमान में बनके दिनकर, एक दिन वही चमकता है।।

---4---

नभ की दूरी अगम लगे,
जब तक तरुणाई सोई है।
जाग गई तो उसकी खातिर,
लक्ष्य बड़ा न कोई है।।
कर्मों का रोना रोने से,
सारी शक्ति खोई है।
कर्मवीर के पथ में बाधा,
नहीं ठहरती कोई है।।
जो श्येन सम खोल पंख, नभ में उड़ान भर सकता है।
आसमान में बनके दिनकर, एक दिन वही चमकता है।।

---5---

कर्मवीर विपरीत धार के,
नाव सहज खे सकते हैं।
चूर चूर पत्थर होते जब,
कर्मवीर दम भरते हैं।।
खुद अपनी तकदीर के पन्ने
खोल स्वयं लिख लेते हैं।
अपने खून पसीने से ,
इतिहास नया लिख देते हैं।।
मरू भूमि में हरियाली के, सपने जो बो सकता है।
आसमान में बनके दिनकर, एक दिन वही चमकता है।।
----प्रदीप 'पांथ'

3. मित्र

(प्रस्तुत कविता में मित्र को परिभाषित करते हुए सच्चे
मित्र की पहचान को बताया गया है।)

---1---

दिल गहरा सागर के जैसा

मन निर्मल गंगाजल हो,

हो विचार न कलुषित किंचित

कपट रहित निश्छल हो।

साथी में कमियां न खोजे

दूर करे जो दिखे कमी,

प्रेमसुधारस मिश्रित वाणी

चित से शुचित धवल हो।।

जो जीवन के भित्त चित्र में, रंग सभी भर सकता है।

सही मायनों में ऐसा ही, व्यक्ति मित्र हो सकता है।।

---2---

जो स्नेहिल जल बरसाकर

तप्त हृदय शीतल कर दे,

जो विषाद के गागर में भी

सुख सागर का जल भर दे।

जो संकट के कठिन भंवर में

आगे बढ़ पतवार पकड़ ले,

जो कश्ती साहिल तक लाने

का प्रयास अविरत कर दे।।

जो जीवन की बंजर भू पर, बीज सभी बो सकता है।
सही मायनों में ऐसा ही, व्यक्ति मित्र हो सकता है।।

---3---

स्वार्थ सिद्धि से परे रहे
परमार्थ भाव प्रबल हो,
जो जीवन के इस तड़ाग में,
खिलता हुआ कमल हो।
सुखद हवा के झोंकों जैसा
जिसका आना लगता है,
मर्म समझते ही साथी का
जिसके नयन सजल हो।।
जो बंद किताबों के भावों को, बिन देखे पढ़ सकता है।
सही मायनों में ऐसा ही, व्यक्ति मित्र हो सकता है।।

---4---

प्रगति देख कर भी जिसका मन
द्वेष रहित निर्मल हो,
प्रबल गरीबी में भी जिसका
बहुत बड़ा सम्बल हो।
पथ भ्रष्ट न होना संकट में
जिसकी अपनी खुद्दारी है,
तूफानों के आगे भी जो
दृढ़ प्रतिज्ञ अटल हो।।
जीवन की दुश्वारी को जो, समझ सरल कर सकता है।
सही मायनों में ऐसा ही, व्यक्ति मित्र हो सकता है।।
--- प्रदीप 'पांथ'

4. उम्मीद का दिया

(प्रस्तुत कविता में जिन्दगी की दुश्वारियों से और अपने अतीत से घबराने के बजाय आने वाले कल के बेहतर होने की उम्मीद का दिया जलाए रखने का संदेश दिया गया है। क्योंकि उम्मीद का दिया सभी दियों को रोशन कर सकता है।)

यकीन कर तू ठोकरें, खाकर भी कल संभल जाएगा।
उम्मीद का दिया, बुझते चिरागों को रोशन कर जाएगा।।
--1--
सितम ढाता हुआ ठंडी
हवाओं का ये कारवां,
राहे मंज़िल पे छाया ये
ज़ालिम कुहासा घना,
तेरे जज्बे की ताकत की, तासीर न बदल पायेगा।
उम्मीद का दिया, बुझते चिरागों को रोशन कर जाएगा।।
--2--
आरोप फ़रेबी जो बन गए
सबब जग हंसाई के,
गवाह न थे कोई तेरे पास
अपनी बेगुनाही के,
हौंसला रख तेरी बेगुनाही, ये जमाना भी समझ जाएगा।
उम्मीद का दिया, बुझते चिरागों को रोशन कर जाएगा।।

--3--

तेरा दर्द ही जब तेरे
दिल का नासूर बन जाएगा,
खुदगर्ज जमाना बेशक़
दवा देने से तब मुकर जाएगा,
तेरा आत्मबल ही उस दौर में, तेरी शिफ़ा बन जाएगा।
उम्मीद का दिया, बुझते चिरागों को रोशन कर जाएगा।।

--4--

तू इतना बदहवास क्यों है
दुनिया के जुल्म देखकर,
ये मगरूर लोग हैं अब तक
तेरी हस्ती से बेखबर,
यकीन रख, ये वक्त एक दिन, तेरा इंसाफ कर जाएगा।
उम्मीद का दिया, बुझते चिरागों को रोशन कर जाएगा।।

---प्रदीप 'पांथ'

5. उड़ान

(प्रस्तुत कविता में परिन्दे के माध्यम से जीवन
की विषम परिस्थितियों का उल्लेख करते हुए लक्ष्य
की साधना के लिए निज भुज बल पौरूष के सहारे
उड़ान भरने का संदेश दिया गया है।)

--1--

घर के आंगन में अंडज का,
एक छोटा सा खोता था।
उस खोते में अंडज का एक ,
जोड़ा हर दम रहता था।।
अंडकोश उनके खोते में,
अभी अभी एक टूटा था।
नव जीवन का अंकुर उसमें,
नन्हा सा एक फूटा था।।
चीं चीं, चूं चूं का कलरव कर,
मां से बातें करता था।
दुनिया की संघर्ष कहानी,
बैठे बैठे सुनता था।।
मां कहती अनगिनत चराचर, इस जहान में रहते हैं।
पूरे होते स्वप्न उसी के, जो उड़ान भर सकते हैं।।

--2--

मां बोली तू दुनियादारी,
अभी समझ न पायेगा।
बाहर के संघर्षों को तू,
अभी झेल न पायेगा।।
आँख खोलकर अभी नीड़ से,
तुमने दुनिया झांकी है।
अभी शिकारी की चालों को,
तुझे समझना बाकी है।।
दाना चुगने के लालच में,
जाल में तू फंस जाएगा।
बिना विचारे किया काम तो,
यूँ ही प्राण गंवाएगा।।
धैर्यवान जो बने वही कल, नव विहान कर सकते हैं।
पूरे होते स्वप्न उसी के, जो उड़ान भर सकते हैं।।

--3--

बाहर जाने की जिद करता,
गोदी का बाशिंदा है।
मां बोले तू पंख बिना अभी,
नन्हीं जान परिंदा है।।
बाहर तपती धूप बहुत और,
तेज हवा का झोंका है।
पंख निकल आएं उड़ जाना,
तुमको किसने रोका है।।
झील, पहाड़ों और दरिया को,
पार तुझे करना होगा।
तेज हवा के झोंकों से भी,
कभी कभी लड़ना होगा।।

आज नहीं तो निश्चय ही तू, कल प्रयाण कर सकता है।
पूरे होते स्वप्न उसी के, जो उड़ान भर सकता है।।

--4--

तूफानों का झोंका तेरी,
शाखों को झकझोरेगा।
संघर्षों से डरा कहीं तो,
तेरा निश्चय डोलेगा।।
मेघ गरजते, चंचल चपला,
तुझको खूब डराएंगे।
बरखा की टिप टिप बूंदें तर,
पंखों को कर जाएंगे।।
सम्भव है संताप पहाड़ों,
जैसा तेरा हो जाये।
मंजिल पथ पर चलते चलते,
धैर्य तुम्हारा खो जाये।।
जो मेघों पर पांव जमाकर, पारगमन कर सकता है।
पूरे होते स्वप्न उसी के, जो उड़ान भर सकता है।।

--5--

भरी नींद का सपना टूटे,
बिल्कुल न उच्छ्वास भरो।
खुली आंख से सपने बुनने,
खातिर शुरू प्रयास करो।।
औरों के आलम्बन पर तुम,
कभी नहीं विश्वास करो।
कठिन समय में अपने भुज बल,
पौरुष की ही आस करो।।
आल्हादित करने वाला ही,

हास और परिहास करो।
असफलता पर औरों का तुम,
कभी नहीं उपहास करो।।
जो अंतश का दीप जलाकर, जग रोशन कर सकता है।
पूरे होते स्वप्न उसी के, जो उड़ान भर सकता है।।
--6--
शुरू सफर करने से पहले,
लक्ष्य बनाना ही होगा।
नौका को प्रतिकूल धार के,
तुझे चलाना भी होगा।।
आसमान को छूने खातिर,
तुझको दम भरना होगा।
तोड़ के दकियानूसी बंधन,
पंख खोलना ही होगा।।
कर्म लेखनी से तुझको,
इतिहास नया लिखना होगा।
अपना भाग्य बदलने खातिर,
कर्मवीर बनना होगा।
जो अंधियारे में लक्ष्य साथ, संधान बाण कर सकता है।
पूरे होते स्वप्न उसी के, जो उड़ान भर सकता है।।
---प्रदीप 'पांथ'

6. माँ

(प्रस्तुत कविता में जीवन का आधार, ममता की मूर्ति माँ
की महिमा का बखान किया गया है।)

--1--

परमपिता परमेश्वर की माँ
सबसे सुघड़ बनावट है,
मां है पहला शब्द सृष्टि का
पहली यही इबारत है।

--2--

मां बच्चों के जीवन का
बस एक मात्र आधार है,
मां के बिना कल्पना
जीवन की करना बेकार है।

--3--

मां की एक मोहब्बत ऐसी
जो मिलती निःस्वार्थ है,
बाकी सभी मोहब्बत में तो
रचता बसता स्वार्थ है।

--4--

मां की छाती में तत्क्षण ही
तब तब दूध उतरता है,
भूख प्यास से व्याकुल होके
बच्चा जब जब रोता है।

--5--

मां बच्चों की खुशियों खातिर
छुपछुप करके रोती है,
सूखा बिस्तर दे बच्चे को
खुद गीले पर सोती है।

--6--

मां अपनी थाली की रोटी
बच्चों को दे देती है,
खुद भूखी रह, भूख नहीं है
बार बार वो कहती है।

--7--

मां ही बच्चों के भविष्य का
ताना बाना बुनती है,
अधरों की स्मित के पीछे
छुपा हुआ गम पढ़ती है।

--8--

मां शब्द प्रेम की फुलवारी की
सबसे मधुर सुगंध है,
जीवन के हर गीत गजल के
बनते जिससे बंद हैं।

--9--

सारे घातक काल दंड तब
चूर- चूर हो जाते हैं,
मां के आशीर्वाद कवच से
जब जब वो टकराते हैं।

--10--

मां के दर पर बच्चों की

पूरी होती हर मन्नत है,
मां के आंचल में सुकून
चरणों में बसती जन्नत है।
--11--
मां के क्रोधित वचनों से भी
प्रेम सुधा रस झरती है,
विपुल वेदना में भी पड़ वो
श्राप नहीं दे सकती है।
--12--
मां जीवन की जीवटता में
एक सुखद एहसास है,
नीरस मय है जीवन जिसके
आज नहीं माँ पास है।
--13--
मां तू ही मेरे जीवन की
सबसे बड़ी नियामत है,
तेरी सेवा से बढ़ कर न
दूजी कोई इबादत है।
--14--
तुझसे ही ये डोर सांस की
लहू नसों में बहता है,
माता कर्ज दूध का तेरे
कभी उतर न सकता है।
------ प्रदीप 'पांथ'

7. नारी

(प्रस्तुत कविता में समाज द्वारा बनाये गये
सामाजिक ताने बाने के नियमों और शर्तों के
अनुरूप नारी के लिए समाज में प्रचलित विभिन्न
उपमाओं का उल्लेख किया गया है।)

---1---

अस नारी है शब्द निगूढ़ निघंटु का,
नाम निधि नहिं जात उघारी।
नाम निरूप औ रूप - स्वरूप का,
लोग रहे बहु भांति विचारी।।
रूप रतन केऊ निर्मल मन केऊ,
ममतामयी केऊ रूप निहारी।
रूप स्वरूप अनंत हवै पर,
शर्त से बा निर्बन्धित नारी।।

---2---

आदि अनूपा औ शक्ति स्वरूपा,
सिंह कै लैके चलै जे सवारी।
अरु वीणा बजावत हंसा चढ़ी, जगती,
जग कै जननी महतारी।।
जेकरे बल पै हरषै सरसै,
जगती जग के वऊ पालनहारी।

दिव्य अलौकिक रूप है जो, सुखदा,
वरदा सब रूप है नारी।।
---3---
नाम कऊ यहि लोक म है,
कऊ रूप कै नारी बनी अधिकारी।
कन्या के रूप जन्म लीहिं,
अरु बाढ़े भई बड़ी सुंदर बारी।।
बन्द कली से ई फूल भईं,
महकावत हैं सगरौ फुलवारी।
रूप से सुंदर बारी के रूप मा,
कामुक जाम लगै हर नारी।।
---4---
बस काम कै जाम संजोवत ही,
रहती पितु के घर मा सुकुमारी।
लाली लगै सिंदूर कै जौं तौ,
भई पति के पग कै अनुचारी।।
पाइ पति कै सुहाग भईं,
सुकुमारी से नारि सुहागिन बारी।
औ सोचि विचारि कदम न धरी,
तौ भईं हैं तुरत अकलिंकन नारी।।
---5---
धर्म समझती हैं जो अपना,
पति सेवा को हैं वो पतिव्रत धारी।
देव का छोड़ि के ध्यान सदा,
धरती पति कै पत्नी सदाचारी।।
त्याग पतिव्रत को जो कहीं,
भटकी दर दर बनिके व्यभिचारी।

कुलटा, भ्रष्टा बनी जइहैं कबौं,
अधमौ मा ठेकान मिले नहीं नारी।।
---6---
कुल लाज सहेजै बारे जे समाज मा,
काम करैं सब सोचि विचारी।
शील स्वभाव सुभाषित बानी,
रहै न करै कबौ छोरि के रारी।।
सुख शांति सुमंत बिखरि के जे,
महकावत हैं घर कै फुलवारी।
वहिका ई समाज कहे है सदा,
लक्ष्मी, कुलवंती, गुनागर नारी।।
---7---
नाक लिहाज कै ध्यान नहीं,
इठलावा करैं चढ़ि सेज अटारी।
मान सम्मान कै बात नहीं,
लड़ितिव हैं बयारिव से पीठ उघारी।।
बात बनाइ सकै न कबौं,
छिन मा बनी बात का देत बिगारी।
सुख शांति समृद्धि कै आस नहीं,
जग मा यई हैं कुलगोड़नि नारी।।
---8---
होइहैं सुनारि कै वास जहां,
न रहे उहाँ दारिद्र कै पैठारी।
जैइसे चन्दरमा आकाशे उये,
रहि जात कहां जग मा अंधियारी।।
चन्दरमा सुनारि अहीं तौ अहीं,
कुलगोड़नि नारि घटा कजरारी।

छाई आकाशे गईं जौ कबौ,
तौ छिनै मा मिटै जग कै उजियारी।।
---प्रदीप 'पांथ'

8. मौन तोड़ो आज कुछ तो गुनगुनाओ

(प्रस्तुत कविता में जीवन के पथ पर चलते चलते थक चुके राही में नई ऊर्जा का संचार करने का प्रयास प्रेमी युगल के संवाद के माध्यम से किया गया है।)

---1---

आज ये आकाश है कितना सजल,
क्या पवन है चल रही गाती गजल,
इस शमाँ में खिल रहे दिल के कमल,
प्राण क्यों हो दूर मेरे पास आओ।
मौन तोड़ो आज कुछ तो गुनगुनाओ।।

---2---

रात निकला चाँद फैली चाँदनी,
धानी चुनर भी ओढ़ रक्खे है जमीं,
और न साथी कोई बस हैं हमीं,
मीत आशा दीप तुम दिल में जगाओ।
मौन तोड़ो आज कुछ तो गुनगुनाओ।।

---3---

है दिशा चारों तरफ सुन्दर सरल,
शाम भी तो है हंसी और रात शीतल,
छेड़ती तिस पर हवा है आज पल पल,
है फिजां रंगीं जरा तुम मुस्कराओ।
मौन तोड़ो आज कुछ तो गुनगुनाओ।।
---4---

मन न हो विह्वल अभी लम्बा सफर,
साथ में है क्या शमाँ चल दो डगर,
कट जाएगी हर रात तुम चलना मगर,
शान्त मत बैठो हमारे साथ आओ।
मौन तोड़ो आज कुछ तो गुनगुनाओ।।
---प्रदीप 'पांथ'

सरल खंड

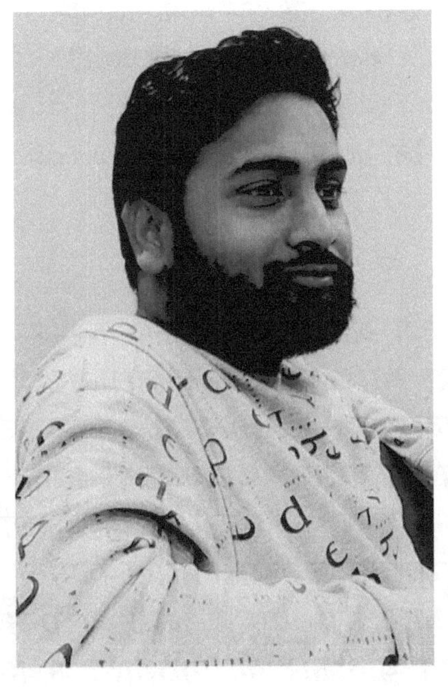

हरिशंकर सरल

संक्षिप्त परिचय

पूरा नाम - हरिशंकर यादव
जन्मतिथि -7 मार्च 1994
माता का नाम - श्री मती कमला देवी
पिता का नाम-श्री जगदम्बा प्रसाद
पता:ग्राम धोवीभार अहिरानी धनपतगंज सुल्तानपुर उ. प्र.
शैक्षणिक योग्यता- बी.एस.सी.
संपर्क:705270563
मेल: gudluckyadav94@gmail.com

मेरा जन्म श्री राम चन्द्र जी के पुत्र कुश जी द्वारा मां गोमती के किनारे बसाये गये कुशभवनपुर (सुलतानपुर) उत्तर प्रदेश में धोवीभार निवासी श्री जगदम्बा प्रसाद के घर हुआ। सुलतानपुर की धरती ने हिन्दी साहित्य को मजरुह सुलतानपुरी , राम नरेश त्रिपाठी जैसे सदा चमकने वाले सूर्य दिए हैं। मेरी प्रारम्भिक शिक्षा अपने गांव धोवीभार की पाठशाला में हुई जबकि उच्च शिक्षा सुलतानपुर में हुई। मेरे जीवन को मूर्त रूप देने में मेरे चाचा जी के परिवार ने जो कार्य किया उसके लिए मैं जीवनभर का ऋणी रहूंगा। चाचा जी द्वारा यह सिखाया गया कि परिस्थितियां कैसी भी हो अगर हम चाहे तो उन पर नियंत्रण किया जा सकता है। मेरे जीवन के सपनों को साकार रूप देने के लिए मैं अपने

माता पिता, परिवार और साथियों का ताउम्र शुक्रगुजार रहूंगा। गीत लिखने का सिलसिला स्नातक करने के दिनो में शुरु हुआ। उस समय हमारे मित्र डा. कुमार विश्वास के गीत गाकर सुनाते थे। वहीं से गीत लेखन का बीज मन में फूटा जो आज आप लोगों के समक्ष है। मैं विगत 6 वर्षों से अध्यापन कार्य में हूं। वर्तमान समय में बेसिक शिक्षा विभाग में अमेठी जिलें में अध्यापन का कार्य कर रहा हूं। साथ साथ मन की आवाज पन्नों पर उतार रहा हूं। पुस्तक प्रकाशन में सबसे मुख्य प्रेरणा मेरी धर्मपत्नी श्रीमती संगीता जी की रही है जिन्होने गीतों को संकलित करके प्रकाशित करवाने का सुझाव दिया। मां और बाबूजी के ही मेरे अग्रज प्रदीप पांथ जी के आशीर्वाद से इस साझा काव्य संग्रह के सहारे मैं आज गीत की जादूगर नगरी की प्रथम सीढ़ी चढ़ रहा हूं।

धन्यवाद

9. नदिया पार तुम्हारा घर है...

(प्रस्तुत कविता में प्रेमिका की विरह वेदना में व्याकुल प्रेमी के मनोभावों को चित्रित किया गया है।)

नदिया पार तुम्हारा घर है, और डूबती नाव हमारी

---1---

जिस नदिया का जल भर हमने ,
सात जन्म की कसमें खाई।
जिस नदिया के घाट बैठ कर,
करते थे दुख की तुरपाई।।
उस नदिया की गिरती लहरें , समझाती है दुनिया दारी।
नदिया पार तुम्हारा घर है, और डूबती नाव हमारी।।

---2---

जिस नदिया के पावन तट पर,
नाम तुम्हारा लिखा , मिटाया।
जिस नदिया के बैठ किनारे,
हमने पहला गीत बनाया।।
जब जाता हूं घाट किनारे, तब -तब आती याद तुम्हारी।

नदिया पार तुम्हारा घर है, और डूबती नाव हमारी।।
---3---
जिस नदिया के तट पर हमने,
कभी तुम्हारा माथा चूमा।
जिस नदिया के बैठ किनारे,
लगता सारी दुनिया घूमा।।
उस नदिया के गहरे जल में, छोड़ चला अब चिट्ठी सारी।
नदिया पार तुम्हारा घर है, और डूबती नाव हमारी।।
----हरिशंकर 'सरल'

10. इससे अच्छा चुप हो जायें!

(प्रस्तुत कविता में कलमकारों व गीतकारों में बढ़ती स्तुतिगान की परंपरा पर कुठाराघात किया गया है।)

———

गीत बताकर चटक चुटकुले , मंच मंच पर गाते तुम हो।
और हमें भी समझाते हो , हम भी चुटकुला ही गायें।।
इससे अच्छा चुप हो जायें! इससे अच्छा चुप हो जायें!
---1---
तुम पर यह जिम्मेदारी थी,
तुम जनता की पीड़ा गाते।
आंसू , रोटी की आवाजें,
सिंहासन तक तुम पहुंचाते।।
लेकिन तुमने पीर न गाकर,
हास्य सुनाया सिंहासन को।
जनमानस की पीर छुपाकर,
झूठ बताया सिंहासन को।।
सच को झूठ, झूठ को सच्चा , गीतों में तुम बतलाते हो।
और हमें भी समझाते हो, हम भी सबको झूठ सुनायें।।

इससे अच्छा चुप हो जायें! इससे अच्छा चुप हो जायें!

---2---

भूखों की हड़तालों में भी,

तुमने गाया हास्य गीत ही।

गंगा में लाशें भी देखी,

लेकिन गाया प्रेम प्रीत ही।।

जलते आंगन नही दिखायें,

फूलों का सावन दिखलाया।

पतझड़ के मौसम में आकर,

मधुर मिलन का गीत सुनाया।।

सूखे को सागर बतलाते , जगवालों को झूठ दिखाते।

और हमें भी समझाते हो, हम भी जग को झूठ दिखायें।।

इससे अच्छा चुप हो जायें! इससे अच्छा चुप हो जायें!

----हरिशंकर 'सरल'

11. गीतकार तुम गाते क्या हो?

(प्रस्तुत कविता में उस संवर्ग को जागरण का संदेश दिया गया है जो सर्मायादारों की चखट पर अपनी कलम गिरवी रख अपना कर्तव्य भूल बैठे हैं।)

---1---

तुम परिवर्तक रहे युगों से,
तुमसे ही उम्मीदें सारी।
तुम पर ही उत्तम समाज की,
ठहरी सारी जिम्मेदारी।।
लेकिन तुम तो शीश नवाकर,
आये ऊंचे महलों में।
राजतंत्र का गान सुना कर ,
आये ऊंचे महलों में।।
इतना झूठ सुनाने वाले , हमसे बोलो खाते क्या हो?
गीतकार तुम क्या गाते हो? गीतकार तुम गाते क्या हो?

---2---

माली के कुनबे से आकर,
आंधी को तुमने अपनाया।

जहां- जहां पर कलियां पनपीं,
तुमने उनको तोड़ गिराया।।
कभी नही वह गान सुनाया,
जो कुनबे का मान बढ़ाए।
तुमने केवल वह गाया है ,
जो तुमको सम्मान दिलाए।।
इतना भ्रम फैलाने वाले, भ्रम फैलाकर पाते क्या हो?
गीतकार तुम गाते क्या हो? गीतकार तुम गाते क्या हो?
---3---
आज तुम्हारे ही लेखन से,
शर्मसार है जाति हमारी।
पुरखों ने जो नाम कमाया डूब,
रही वो इज्जत सारी।।
नागार्जुन , दिनकर को पढ़ लो,
तुमको सच्चा ज्ञान मिलेगा।
पुरखों के सर की पगड़ी को,
ऊंचा एक सम्मान मिलेगा।।
सच को झूठ बनाने वाले, झूठ सुनाकर पाते क्या हो?
गीतकार तुम गाते क्या हो? गीतकार तुम गाते क्या हो?
----हरिशंकर 'सरल'

12. मेरे हाथ नही कुछ आया

(प्रस्तुत कविता में संसार में लुप्त होते जा रहे नैतिक मूल्यों और बढ़ती स्वार्थपरता पर चिंता व्यक्त करते हुए लोगों को अभी भी सजग हो जाने का संदेश दिया गया है।)

कहते हैं सब नियम जगत का,
जितना बांटो उतना मिलता।
पर ब्रह्मा का लिखा हुआ था,
मेरे हाथ नही कुछ आया।।
---1---
हमने बांटा सब लोगों में,
जो कुछ भी था पास हमारे।
पर किस्मत का खेल क्रूर था,
ले - ले कर सब हुए किनारे।।
कहते हैं सब चलन जगत का,
देने वाला ज्यादा पाता।
पर ब्रह्मा का लिखा हुआ था,
मेरे पास नही कुछ आया।।

---2---

समझ नही पाये दुनिया को,
समझ न पाए लोगों का छल।
ऐसे प्रश्न बहुत से उभरे,
जिनके संभव हुए नही हल।।
कहते हैं सब करम जगत का,
जैसी करनी वैसी भरनी।
पर ब्रह्मा का लिखा हुआ था,
मेरे साथ नही कुछ आया।।

---3---

जिनको ढोकर उम्र गुजारी,
उनका अपनापन झूंठा था।
सब थे वैभव तक ही साथी,
आंगन का दर्पण झूठा था।।
बतलाते सब इस दुनिया में,
सबको अपनापन है मिलता।
पर ब्रह्मा के लिखे भाग्य में,
दुख के बाद नही सुख आया।।

----हरिशंकर 'सरल'

13. जानना यदि सत्य है तो...

(प्रस्तुत कविता में मोह माया में जकड़कर खुद को भूल चुके लोगों का ध्यान इस ओर खींचने का प्रयास किया गया है कि उसे यह विचार करना चाहिए कि वह इस संसार में किस लिए आया था और क्या कर रहा है?)

कर्म फल की जीत होती,
या कि होती हार है।
जानना यदि सत्य है तो,
मरघटों के पास बैठो।।
---1---
था वो राजा या भिखारी,
फर्क कोई भी नही है।
जो बना था देव जग का,
देख लो वह भी यहीं है।।
आदमी का रूप क्या था,

और क्या किरदार है।
जानना यदि सत्य है तो,
मरघटों के पास बैठो।।
---2---
हिंदू ,मुस्लिम ,सिख , ईसाई,
सब बन जाते भाई - भाई।
धर्म , जाति के भेद भूलते,
जीवन भर जो लड़े लड़ाई।।
कर्मफल ही मूल सबका,
कर्म ही व्यवहार है।
देखना यह सत्य है तो,
मरघटों के पास बैठो।।
---3---
केवल दो गज के मालिक हैं,
जिनका कारोबार खूब था।
नाम खूब था , माल खूब था,
या जिनका व्यवहार खूब था।।
सोचते हम क्या जगत को,
और क्या संसार है।
जानना यदि सत्य है तो,
मरघटों के पास बैठो।।
----हरिशंकर 'सरल'

14. किस बात का डर है?

(प्रस्तुत कविता में सांसारिक मोह माया में जकड़े इंसान को कुछ खोने-पाने के भय को छोड़ सन्मार्ग पर चलने का संदेश दिया गया है।)

रे मनुष्य
किस बात का डर है?
---1---
क्या लाया था जो खोना है,
जीवन हंसना या रोना है।
काल चक्र का नियम सर्वदा,
सबको एकाकी होना है।।
बीत रहा हर एक पहर है।
रे मनुष्य
किस बात का डर है?
---2---
हानि - लाभ , जीवन - मरण,
विधि ने लिखकर है भिजवाया।
क्या कारण है, क्यूं आया हूं,
खोजा, फिर भी खोज न पाया।।
जीवन जैसे एक लहर है।

रे मनुष्य
किस बात का डर है?
---3---
नश्वर है यह दुनिया सारी,
नश्वर हैं ये सारे साधन।
नश्वर है यह सारी धरती,
नश्वर है यह मिट्टी का तन।।
तारणहारा मुरली ...धर है।
रे मनुष्य
किस बात का डर है?
----हरिशंकर ‘सरल’

15. जीवन एक छलावा प्यारे

(प्रस्तुत कविता में मनुष्य को शान्ति की खोज बाहर करने के बजाय अपने अंदर ही करने का संदेश दिया गया है।)

जीवन एक छलावा प्यारे, मृत्यु सत्य बतलाती साथी।

---1---

शांति खोजने के चक्कर में,
भटक रहें हैं कानन कानन।
ना ही मन को शान्ति मिली,
ना ही पाया जीवन दर्शन।।
जीवन जलता दीपक प्यारे और आत्मा बाती साथी।
जीवन एक छलावा प्यारे, मृत्यु सत्य बतलाती साथी।।

---2---

जो मन के भीतर बैठा है,
उसकी खोज है बाहर जारी।
जो खुद को भी ढूंढ न पाए,
वही बताते दुनिया दारी।।
जीवन रुपी नौका प्रतिपल, रही थपेड़े खाती साथी।

जीवन एक छलावा प्यारे, मृत्यु सत्य बतलाती साथी।।
---3---
शाम ढले कल फिर से कोई,
सूरज की किरणें खोजेगा।
लेकिन जग की रीत यही है,
जो खोजेगा वो रोयेगा।।
मौन पड़ी जो प्रतिमायें हैं, थीं वे भी सब गाती साथी।
जीवन एक छलावा प्यारे, मृत्यु सत्य बतलाती साथी।।
----हरिशंकर 'सरल'

16. तुम मुझे संदेश देना

(प्रस्तुत कविता में ईश्वर की आस में देवालयों में भटकने को माध्यम बनाकर यह संदेश देने का प्रयास किया गया है कि ईश्वर बाहर नहीं बल्कि आपके अंदर आपकी आत्मा के रूप में मौजूद है।)

मंदिरों के घाट, घंटो, द्वार के हे रक्षकों।
देवता जब भी पुकारें तुम मुझे संदेश देना।।
---1---
आस करके आगमन की,
सांस अब थकने लगी है।
इक मिलन की चाह में,
दो आंख सदियों से जगी है।।
मंदिरों के द्वार , चौखट , ईश के सिंघासनों।
देवता जब भी निहारे, तुम मुझे संदेश देना।।
---2---
प्रार्थनाएं व्यर्थ क्यूं है,
देवता से जानना है।
क्या नियति इतनी कठिन है,
और क्या - क्या त्यागंना है।।
मंदिरों के पेड़, पक्षी , हे! भुवन के पत्थरों।

देव के जब हों इशारे , तुम मुझे संदेश देना।।

---3---

क्यों नियति का खेल इतना,
क्रूर होता जा रहा है।
क्यो मिलन का सूर्य बोलो ,
अस्त होता जा रहा है।।
मंदिरों के ध्वज व सीढ़ी आरती के दीपकों।
हम भी बैठे हैं किनारे, तुम उन्हे संदेश देना।।

----हरिशंकर 'सरल'

17. और बताओ कैसी हो तुम

(प्रस्तुत कविता में उम्र के अन्तिम पड़ाव तक
मनुष्य की दुनियादारी की फिक्र को चित्रित किया
गया है।)

मुझको मेरे हाल पे छोड़ो , और बताओ कैसी हो तुम।

---1---

कब आये हो कब जाना है,
क्या मुन्ने को लाई हो।
जाने कितने दिन बीते हैं,
सालों बाद तो आई हो।।
कैसे बीता साल ये छोड़ो, और बताओ कैसी हो तुम।
मुझको मेरे हाल पे छोड़ो , और बताओ कैसी हो तुम।।

---2---

मैंने सुना है मुन्ना बिल्कुल,
मेरे जैसा लगता है।
बाल हैं बिल्कुल मेरे जैसे,
मेरे जैसे हंसता है।।
पक गये कैसे बाल ये छोड़ो, और बताओ कैसी हो तुम।

मुझको मेरे हाल पे छोड़ो , और बताओ कैसी हो तुम।।

---3---

मेरी बिटिया और मुन्ने का,
मिलकर ब्याह करायेगें हम।
अपना रिश्ता रहा अधूरा,
इनके लिए निभायेगे हम।।
मेरे पिचके गाल को छोड़ो, और बताओ कैसी हो तुम।
मुझको मेरे हाल पे छोड़ो , और बताओ कैसी हो तुम।।

----हरिशंकर 'सरल'

18. जिन्दगी की यात्रा का...

(प्रस्तुत कविता में मृत्यु को अटल सत्य बताते
हुए इसके भय से जीवन को व्यर्थ न गंवाने का
संदेश दिया गया है।)

जिन्दगी की यात्रा का, मृत्यु ही परिणाम है..।
---1---
जन्म से यात्रा शुरू है,
मृत्यु पर होना खत्म है।
मौत को ही जीत लेना,
जिंदगी भर की जत्न है।।
हार ही इस जीत का, आखिरी आयाम है..।
जिन्दगी की यात्रा का, मृत्यु ही परिणाम है..।।
---2---
जिंदगी बस यातना है,
और दुख साथी हमारे।
मृत्यु ही है मुक्ति द्वार ,
मृत्यु को अपना लो प्यारे।।
स्वपन छीने जिंदगी ने , मृत्यु पर इल्जाम है..।

जिन्दगी की यात्रा का, मृत्यु ही परिणाम है..।।
---3---
मृत्यु है अंतिम सफर तो,
मृत्यु से फिर भागना क्या।
मृत्यु से डर कर अभी से,
आनन्द सारा त्यागना क्या।।
जिंदगी दुख से भरी पर, मृत्यु ही बदनाम है..।
जिन्दगी की यात्रा का, मृत्यु ही परिणाम है..।।
----हरिशंकर 'सरल'

19.
हमने कितने आज गंवाए

(प्रस्तुत कविता में कल के सुख की चाह में भागते मनुष्य की गति का चित्रित किया गया है।)

आने वाले कल के पीछे , हमने कितने आज गंवाए।

---1---

कल क्या होगा किसने देखा,
लेकिन कल की चिंता भारी।
वर्तमान की बात भूल कर,
करते हैं कल की तैयारी।।
आज नही पाया सुख को तो, कल से सुख की आस लगाए।
आने वाले कल के पीछे , हमने कितने आज गंवाए।।

---2---

जो हमारा वर्तमान है,
ये भी आने वाला कल था।
सुख होगा , आनन्द मिलेगा,
खुद से एक सुनहरा छल था।।
सुख की चिंता करके हमने, खुद से सारे सुख बिसराए।

आने वाले कल के पीछे , हमने कितने आज गंवाए।।
---3---
जिसने सुख का खोज लगाई,
उसने केवल दुख ही पाया।
जिसने झांका मन के भीतर,
सुख उसके हिस्से में आया।।
सुख- दुख के सारे प्रश्नों के, मन के भीतर उत्तर पाए।
आने वाले कल के पीछे , हमने कितने आज गंवाए।।
----हरिशंकर 'सरल'

20. उजले हमको नही लुभाते

(प्रस्तुत कविता में चकाचौंध भरी दुनिया में मन
की गति को चित्रित किया गया है।)

अंधकार में रहने वाले, उजले हमको नही लुभाते।

---1---

खुशियों का एक दीपक लाकर,
पाला , पोसा और सजाया।
पर दुनिया की रीति निराली,
वह भी ना हिस्से में आया।।
जो दुनिया के मारे होते, सुन्दर सपने नही सजाते।
अंधकार में रहने वाले, उजले हमको नही लुभाते।।

---2---

जगमग - जगमग जले दिवाली,
मन का दर्पन लेकिन खाली।
तन को फबते खूब उजाले,
लेकिन मन की परतें काली।।
जिन रिश्तों को खूब सहेजो, वे भी साथ नही निभाते।
अंधकार में रहने वाले, उजले हमको नही लुभाते।।

---3---

जीवन की यह सच्चाई है,
जितना प्यार , उतनी पीड़ा।
बाहर मधुर - मधुर ध्वनियां है,
मन के अंदर रोती वीणा।।
जो रोते हैं अन्दर- अन्दर, बाहर खुशियां नही मनाते।
अंधकार में रहने वाले, उजले हमको नही लुभाते।।
----हरिशंकर 'सरल'